AF495311

LA VÉRITÉ

SUR

PIERRE VIGNON

OU

RÉPONSE A SON ÉCRIT

Par le rédacteur du rapport fait au comité d'Instruction publique de la Convention nationale, par la société Républicaine des Arts, le 28 nivôse, an 3 de la République une et indivisible.

Si la délation est odieuse, la dénonciation civique est une vertu.

3me. rapport de GREGOIRE sur le vandalisme.

CHARGÉ par la société républicaine des Arts, de faire en son nom, un rapport au comité d'instruction publique de la Convention nationale sur quelques abus introduits dans la répartition et l'exé-

A

cution des travaux publics etc. Je devais m'atten=
dre que ce travail dicté par l'amour de *la* justice,
souleverait contre moi l'ignorance que n'épargne
jamais l'homme impartialement véridique, pour qui
l'intérêt public est la suprême loi. Pénétré de cette
grande vérité, que si la delation est odieuse, la
dénonciation civique est une vertu, j'exposai des
faits publiquement connus, sur les quels il impor-
tait néanmoins de fixer particulierement toute l'attention des législateurs. On cherche à refuter ces
faits par les diatribes de la calomnie; cette conduite me touche peu : elle était d'ailleurs inutile
pour m'apprendre que celui qui veut faire le bien
et dire la vérité doit s'armer d'un grand courage.
Je voulais garder le silence; je vais, cependant,
me livrer au dégoût de retracer le nom et les
turpitudes de celui à qui le devoir semble, pour
cette fois seulement, me prescrire de répondre,
malgré tout le mepris que je joins à celui dont
il est déjà depuis long-temps couvert.

C'est PIERRE VIGNON que je veux dire, cet
intrus qui, pour me prendre à partie, feint d'oublier
que je n'étais en cette circonstance que l'organe
des artistes, vient de donner l'exemple le plus
dégoutant d'audace et d'impudence.

Voici comme il s'explique dans un écrit adressé

à la société républicaine des arts ; *citoyens , dit-il , je vous dénonce un pamphlet qui circule sous votre nom , il a pour titre rapport etc.* Quelle dénonciation stupide et ridicule ! pour qui n'est-il pas évident qu'un ouvrage publié avec solemnité par une société d'artistes , un ouvrage qui contient des faits aux - quels on répond par des mensonges et qu'on ne réfute pas , n'est point un pamphlet ? la société des arts , *Pierre Vignon* , ne se plaît pas , comme tu voudrais l'insinuer , *à distiler le poison de la calomnie* ; elle remplit son devoir et répand sur les ténebres de l'intrigue la lumière foudroyante de la vérité : tu veux assimiler le rédacteur de son travail à un Zoïle ! quelle orgueil insensé ! Zoïle était un rhéteur jaloux qui critiqua sottement Homère le plus grand homme de l'antiquité ; mais quelle est la jalousie que tu peux inspirer , et qui y a t-il de commun entre un grand homme et toi ?

Je vais passer rapidement aux principaux faits aux - quels je dois m'attacher , mais avant , qu'il me soit permis de rectifier une erreur que ton amour propre semble commettre à dessein. Tu prétends que j'ai voulu te désigner comme procureur ; cela n'est pas vrai : il est inutile que je répete ici ce que j'ai voulu dire par ces mots : *la fange de la chicanne*, mais il est sensible pour tout le monde que cela ne veut pas dire procureur; il n'y a dans la fange que les ineptes. Tu t'es éfforcé vainement de faire ou *d'acheter* de l'esprit pour critiquer l'usage auquel la société destina le produit de son travail, ce n'en est pas moins une de ces actions suggérées par l'amour de la patrie et par celui de l'humanité qui en est le premier mobile, de quelle source plus pure les bienfaits versés sur l'indigence ou le malheur peuvent-ils découler? il n'appartient qu'à toi de ne la point apprécier. Tu dis que *la vérité est terrible pour les intrigans*, ce langage dans ta bouche est le comble de l'impudence, j'en rougis pour toi, car tu ne sais pas rougir : et tu ajoute que *leur règne s'écroule dans la tombe de Robespierre et de ses continuateurs*: Qu'elle pitoyable rapsodie! vil intrigant! sans les Robespierre serais-tu jamais parvenu à ce dégré d'élévation duquel il faudra bien que tu descendes ; car ton règne est passé; quel est le gouvernement sage et éclairé qui voudrait te confier le dernier des emplois?

Pour te répondre victorieusement, il me suffira d'opposer des vérités aux mensonges ; je dis mensonges, car l'écrit que je réfute en est rempli. Il n'y a pas même jusqu'au nom que tu me donnes en m'appellant ton bien - aimé qui ne soit une imposture. Le ton burlesquement gracieux, que tu affectes persuadera-t-il jamais qu'un intrigant peut aimer celui qui a le courage de dévoiler ses turpitudes ? si je voulais te causer l'embaras le plus plaisant, je te porterais le défi de me démentir par des faits ostensibles, de venir en présence du jury, faire usage du crayon et du pinceau; tu pourrais ensuite parler de ma bonne foi. Quant à ma modestie, elle est ici tout-a-fait hors d'œuvre puisque dans le rapport de la société, il n'est pas plus question de moi que du grand Turc. (1)

Tu avances qu'en 1788 tu as suivi l'académie, et pour prouver ce fait, tu invites à consulter le régistre du professeur. Cette invitation est ridicule, puisqu'il est publiquement connu que les étrangers mêmes avaient le droit de s'inscrire sur ce régistre. Tu ne prouveras jamais que tu ais été reçu élève de l'académie.

---

(1) Il est à remarquer que Pierre Vignon semble s'appesantir particulièrement sur ma modestie; si je pouvois me chagriner de ce que dit Pierre Vignon, ne trouverais-je pas un motif de consolation dans la pensée qu'il sera sensible pour tout homme juste, que la société des arts, en publiant son rapport, n'a pas voulu flater la vanité d'un de ses membres, mais seulement sévir contre les intrigans, qui, affectant de prêter leurs propres sentimens à ceux qui les poursuivent, confondent assez maladroitement il est vrai, l'amour propre qui donne

Tu dis *que dans la même année (1788) il s'ouvrit deux concours, l'un pour des projets de casernes de cavalerie et d'infanterie, l'autre pour la caisse d'escompte de Paris; que tu mis au premier, que tes plans existent dans les bureaux de la guerre,* he bien! qu'est-ce que ce bavardage signifie ? faut-il conclure de ce que tes plans sont

---

une émulation louable, avec l'immodestie de l'orgueil?

Je suis loin d'ignorer, Pierre Vignon, que, lorsqu'il me faudra lutter contre des artistes instruits, le triomphe ne sera point mon partage ; mais je suis jeune, et une étude assidue pourra rendre un jour ma destinée plus heureuse : aussi, suis-je moins désolé de la lenteur de mes succès, que je suis effrayé de la rapidité des tiens.

Quand je considère les talens de quelques camarades d'un mérite distingué, je sens alors toute l'étendue de ma faiblesse; mais serai-t-on immodeste, si l'on se respectait assez pour se mettre au dessus de Pierre Vignon.

Ce qu'il y a de particulier, c'est que le modeste *auteur* qui s'acharne après une immodestie dont je ne crois pas lui avoir donné la moindre preuve, s'explique ainsi à la page 10 de son écrit: *Je ne consentirais jamais à partager avec personne la gloire que mon projet devait m'acquérir.* — La gloire !!! qu'on me dise qu'il n'y a pas la de quoi rire.

Vit on jamais bouffissure pareille ?
N'est-ce pas, dites moi, l'inhabile frélon
S'attribuant les travaux de l'abeille ?
Exigez qu'il opère, il changera de ton.

restés dans l'oubli, qu'ils étaient des chef-d'œuvres; et parce que *la révolution arriva*, et que *le jugement ne fut point porté*, est-ce une raison pour que tu sois un habile homme ? tu ajoutes que *je m'occupai du second, que six prix furent délivrés, que je n'en obtins aucun, et que pour me venger je fis graver mon projet*, méprisable imposteur ! depuis que le rapport de la société paraît, tu médites dans l'attitude de l'intrigante médiocrité châtiée par ma franchise quels sont les torts que tu pourras me reprocher, et le résultat de tes méditations ne pouvait être que le mensonge le plus grossier et le plus bête. D'abord, tu mens; je n'ai point pris part au concours public de la caisse d'escompte; je me défiais trop de mes forces, pour me mesurer avec la masse entière des artistes; j'aspirais alors à la place d'élève de l'académie : à cette époque, ce que je désirais depuis long-tems s'effetua, une place d'élève fut l'objet du concours; le projet proposé fut celui de la caisse d'escompte, j'entrai dans la lice, et mes efforts ne furent point inutiles, puisque je fus assez heureux pour obtenir la place. Pour ce qui est de la gravure de mon projet, tu mens encore; ce n'est pas moi qui l'ai fait graver ; personne n'ignore que tous les projets des jeunes architectes de l'académie et autres qui avaient mérité les suffrages, étaient recueillis par des artistes qui en gravaient la collection. Mon projet fut de ce nombre, et c'est dire qu'il est au-dessus de ta critique. J'en appelle maintenant à tous les artistes qui connaissent la vérité que je viens d'avancer et je leur demande qu'elle analogie on peut trouver entre elle et la fable imbécile que tu as si grossiérement ourdie.

Je vais aborder la question la plus délicate de cette réponse, et parler des prix de l'année dernière. Je dirai que ce n'était pas à toi de m'adresser un re-proche à cet égard; l'homme qui sait à peine copier un profil, a-t-il le droit d'élever la voix contre un artiste quel qu'il soit ? mais, puisqu'il le faut, puisque tu m'y forces, je vais me reporter à ces temps désastreux, où tes criminels protecteurs, gorgés de sang et regnant par la terreur, avaient transformé ma malheureuse patrie en un vaste champ de carnage. Dans ces jours de deuil, où l'ignorance et le crime assiégaient et persécutaient le mérite et la probité, qu'étaient devenus les hommes ins-truits, les citoyens utiles ? les uns dérobaient leur tête à la proscription par la rétraite, les autres gémissaient dans les fers; ceux-ci faisaient le der-nier effort de courage que leur commandait le salut de la patrie, tandis que ceux-là, comme Seneque et Lucain, expiaient par la mort le crime toujours impardonnable aux yeux des tyrans, d'être illustres par des talens et des vertus. L'ordre social était entièrement boulversé, et par une conséquence toute naturelle de ce désordre, tu obtenais alors les plus brillantes affaires.

Ce fut à cette époque qu'on vit paraître pour juger les productions des artistes, des hommes dont la mémoire seule suffira pour faire frémir la postérité. Je parle des Ronsin, Hébert, et Fleuriot. Ces hommes dont tu fus le courtisan, ces hommes couverts d'un masque hyppocrite, mais à travers lequel on voyait suinter le sang des malheureux qu'ils égorgaient, dont 'a présence par conséquent devait suffire pour paralyser les consciences, décidèrent vainement que mon projet n'était pas révolutionnaire (expression qui ne serait que ridicule si elle n'était pas atroce.) Je n'en obtins pas moins les suffrages de quelques artistes estimables, je dirai même célèbres. Je ne prétends pas dire que celui qui remporta le prix ne le méritait pas; ses talens sont connus, et on peut s'honorer de l'avoir pour concurrent. Si les procès verbaux du jugement n'existaient pas, cet artiste me rendrait lui-même la justice de déclarer qu'il n'obtint le prix sur moi qu'à la majorité d'une seule voix; mais les procès verbaux existent, ils ont été imprimés et publiés, et conséquemment ta confusion est écrite.

Je n'irai pas plus loin sur cet objet ; sa délicatesse est trop grande, et ce n'est pas à moi de le traiter. Je pourrais pourtant achever de te confondre en citant à cet effet l'adresse présentée au comité d'instruction publique par la société des arts le 18 pluviôse, immédiatement après la séance dans laquelle elle réçut et brûla (2) ton menteur et ridicule écrit ; mais, cette citation de ma part pourrait légitimer un reproche d'immodestie, et je ne veut pas te donner de prise sur ma conduite.

Tu invites à juger *si je ne suis pas fondé à crier à la tyrannie, à l'imposture, à l'égoïsme, àl'intrigue et à l'ignorance.*

Je vais donner des facilités pour la solution de cette question.

---

(2) Je dois à la justice de déclarer que ce n'est point par un arrêté de l'assemblée que cet écrit fut brulé ; j'exposerai plus loin sa conduite à cet égard : mais, pendant la lecture, plusieurs membres, indignés des impertinences consignées dans l'écrit que Pierre Vignon avait eu l'audace d'adresser à la société, livrèrent aux flammes l'exemplaire qu'ils en possédaient.

D'abord, quand j'ai dit la tyrannie, j'ai parlé de touts les sectateurs impies, des sycophantes qui vinrent se briser contre le 10 thermidor; quand j'ai dit l'égoïsme, l'imposture et l'intrigue, ce sont eux et toi que j'indiquais; mais quand j'ai dit l'ignorance, je disais particulièrement PIERRE VIGNON, je ne t'avais pas nommé; mais en te traçant fidélement, n'était-ce pas tracer l'ignorance dans toute l'acception qu'on peut donner à cette expression, aussi, personne ne s'y est mépris, pas même toi qui devais avoir tant d'intérêt à te méprendre.

Tu oses dire qu'en 1789 *et* 1790 *tu obtins l'inspection des casernes et corps de garde de Paris*, tant pis pour ceux qui te l'ont donné; ils ne pouvaient le faire qu'aux dépens de la justice et de la raison. Tu dis encore qu'en 1791 *tu présentas un projet pour placer l'assemblée nationale dans le monument de la Magdelaine*; ça devait-être bien beau! tu ajoutes *que ce projet fixa l'attention des comités* : cela ne prouve rien; Polichinel fixait aussi l'attention de Molière, et une mauvaise enseigne de cabaret pouvait arrêter Raphaël, comme une *charge à laquais* amuserait David.

J'admire que tu ne cites pas aussi en ta faveur le logement que tu occupes dans le Louvre; si ceux qui te l'ont donné te connaisent bien, de quel nom faut-t'il les appeler ? Pierre Vignon dans le Louvre n'offre t-il pas la preuve sans réplique de cette vérité consignée dans le rapport de la société qu'il est de l'essence du despotisme de combler d'honneurs les sots et les méchants ? mais voyons à nous expliquer sur cette fameuse salle du dépôt des armes confectionnées. Je passerai par-dessus toute espèce de particularités, pour m'arrêter à la question que tu me fais, celle de savoir qu'elle conduite j'aurais tenue si, comme toi, j'avais été chargé des dispositions de cette dernière salle. la Voici : j'aurais représenté à ceux qui m'auraient chargé de ces dispositions, combien l'exécution du décret qui ordonne l'isolement du palais national par une rue était indispensable et avantageuse ; j'aurais sollicité son exécution provisoire, et j'aurais proposé de placer le dépôt des armes dans l'une des deux églises faisant partie des maisons consacrées aux atelliers et aux magazins des matières premières. Il y a mieux, la rue qui doit établir une communication entre le jardin national et la place des piques devant passer exactement entre les deux églises, on aurait pû conserver le dépôt des armes tant que les circonstances auraient exigé cette conservation, sans entraver pour cela l'exécution du décret du 30 juin 1793 en ce qui regarde le percement de la rue qui doit isoler le palais national. Alors les terreins compris seulement entre les jardins des feuillans, des capucins et de l'assomption, qui bordent cette rue eussent été disponibles, on aurait pû les vendre avec avantage, et aulieu de tirer du trésor public 430,000 liv. pour une depense mal adroite, on y eût fait rentrer plus de sept millions; ce qui est bien différent. (3)

____

(3) Les terreins des Feuillans, des Capucins et de l'Assomption, sont situés de manière qu'ils s'étendent d'un côté sur la rue Honoré, et de l'autre sur la longueur du jardin National. La rue une fois établie, ces terreins eussent été divisés en deux parties à peu près égales dans le sens de leur profondeur, et la partie attenante aujourd'hui au jardin National aurait eu sa face sur la rue nouvelle, on n'aurait point disposé de celle sur la rue Honoré par ce qu'elle est couverte de bâtimens qu'on aurait pu conserver aussi long-temps que les besoins de l'état l'auraient exigé, mais la partie sur la rue nouvelle qui ne comprend que des jardins eut été susceptible d'être promptement vendue : et qu'on remarque ceci ; en laissant autour des bâtimens un isolement convenable, et divisant ensuite le reste par portions à vendre, on trouve sur le jardin des Feuillans, 5 portions de terreins de 11 toises sur 28, formant ensemble une superficie de

       1540 toises

Les législateurs t'auraient écouté, si tu avais assez connu ton état, assez aimé l'art que tu veux professer, et que tu deshonores, pour leur faire ces

Sur celui des Capucins, quatre portions
de 12 toises et demie sur 46 , ensemble   2,300 toisses
    Et sur celui de l'Assomption , 5 divisions
de 12 toises sur 39 deux tiers , ensemble   2.380 toises

              TOTAL   6,220 toises

En considérant la situation de cette rue , qui , bordée d'un côté par la terrasse du jardin National , offrirait aux Citoyens qui l'habiteraient, une vue agréable et constamment assurée ; en pensant que là on serait , plus qu'en aucun autre endroit de Paris , à portée de la campagne , des promenades publiques , et des lieux les plus fréquentés de la ville , tels que le palais National , le Louvre , le palais Égalité, les Quais, la rue Honoré , les Spectacles, les Marchés etc. on ne trouvera pas exhorbitant que j'y évalue le terrein à 1200 liv. la toise,
or   6220   toises
              à   1200 liv.

produisent net   7,464,000 liv.

Voila donc sept millions quatre cens soixante quatre mille livres qui ne rentrent point dans le trésor public , et cela, par l'ineptie de Pierre Vignon ; mais, si je disais qu'en raison des avantages que jai cités, le prix que je mets à ces terreins n'est que le prix de 1790 ne serait-il pas évident alors qu'en agissant ainsi que je viens de l'exposer, on eut retiré de la circulation une quantité assez considérable d'aspropositions utiles. Les agens des despotes peuvent tenir opiniatrément à des vues étroites, à des idées rétrécies, mais les dépositaires de la volonté d'un peuple libre accueillent avec empressement, avec reconnaissance même, l'homme de génie qui leur offre par ses conseils le moyen d'acquérir un droit de plus à la confiance *publique*.

Pierre Vignon, tu appeles envain la calomnie à ton secours, les âmes honnêtes et pures n'ont reconnu dans le rapport de la société aucunes de ces petites passions qui te sont propres, de ces passions qui dégradent et avilissent le cœur humain ; elles

---

signats, et produit, par cette raison, un bien que Pierre Vignon est iucapable de sentir, et plus iucapable encore d'opérer ?

Pierre Vignon m'objecterait envain qu'il n'a agit qu'en vertu d'un arrêté du comité de salut public, je n'en persisterai pas moins dans ce que j'avance. L'arrêté d'un comité est il plus immuable qu'un décret ? Et, n'avons nous pas vu la Couvention nationale déclarer que, quand on étoit tombé dans l'erreur, la sagesse et le vrai patriolisme commandaient de se rétracter. D'après cela, si un artiste s'était trouvé à la place de Pierre Vignon et qu'il eut représenté au comité de salut public que, quelque bon que soit son arrêté, on pouvait en prendre un meilleur, qui me fera croire que ses efforts eussent été sans succès.

n'y ont reconnu que l'amour de ce qui est bien,
de ce qui est juste, la seule passion, enfin, qui
soit permise, et la seule que tu ne connaisses pas.
Il convient mal à un homme tel que toi d'avancer
que pour couvrir ma nullité, je trouve délicieux
de déchirer, d'attaquer ta réputation; on n'attaque
point ce qu'on dédaigne; mais, pour couvrir ma
nullité j'use d'un moyen plus simple et qui sera généralement senti, je mets la tienne en évidence, elle
pourrait seule couvrir toutes les nullités du monde.

Tu n'as pas dis un mot qui ne justifiat pleinement
le souverain mépris dont tu es accablé. Tu m'an-
nonces comme Champion mal-a-droit de quelques ennemis peu courageux, et pour prouver cette absurde
assertion, tu mets le comble à ton impertinence; tu
reproduis une scène que tu devrais t'éfforcer de
faire oublier; je veux dire celle qui se passa lors
de ton expulsion du palais national. Tu cites pour
tes concurrens dans cette affaire Allais et Pérard,
je ne connais point ce dernier, je n'en dirai rien,
mais Allais est aussi généralement connu pour artiste estimable, que tu l'es pour intrigant. Je ne
mettrai point ses qualités en opposision avec tes
impostures, je craindrais de souiller son nom, si
je le citais avec le tien Je m'arrête à cette phrase:
Je déclarai au ministre qu'auteur seul du projet

etc. il faut avoir un front d'airain, un front cui-
rassé d'impudence pour porter l'audace à cet excès.
auteur seul du projet !!! ô mensonge ! et tu ne te
couvres pas la figure quand tu tiens ce discours?
il faut être Pierre Vignon pour avoir cette
criminelle effronterie.

Je me tais sur l'immodestie qui te porte à te com-
parer à Allais et à Gisors; cet orgueil imbécile
est tellement dégoutant, qu'on n'y doit pas répondre. Une comparaison entre des artistes instruits,
et toi ! quel délire ! je te pardonnerais ta démen-
ce, si tu n'y joignais point l'attocité d'avancer que
l'architecte chargé maintenant de cette opération
voulût séconder alors les *intentions perfibes* du
ministre, ce qui n'a pas plus le sens commun,
que de vouloir décrier le mérite des Allais et des
Gisors, en criant bien haut qu'ils ont pillé tes productions. Quand tu rabacheras toujours la même
sottise, on n'en croira pas plus à leur ineptie qu'à
ma méchanceté ; ni à ma méchanceté qu'à tes
talens.

Je vais achever de te faire connaître en répon-
dant à la page 11 de ton pamphlet où tu dis :
*Bienaimé, connu de mes ennemis, commença par
me décrier dans votre assemblée, en disant que je*

A 3

n'étais pas l'auteur de mes projets ; et il eut l'impudeur de nommer l'artiste à qui il les attibuait, cet artiste indigné, repoussa cette calomnie, en adressant dans ce temps au président de votre assemblée une déclaration formelle du contraire ; elle fut lûe publiquement, Bienaimé fut honni et son projet de diffamation échoua.

Je ne conçois pas où tu vas chercher toutes les grossieretés que tu débites. Ce que tu cites n'a jamais eu lieu ; cela ne pouvait même pas se passer ainsi que tu te déclares. L'artiste auteur du projet dont tu te targuais, envers lequel tu t'étais mal comporté, que tu avais indisposé contre toi, siégait à l'assemblée, il était assis près de moi ; c'est en sa présence et par son autorisation, que je fis la déclaration dont tu te plains ; c'est en son nom que j'ai parlé, aussi, donna t-il son adhésion à ce que j'ai dit, et cette adhésion fut si positive, que l'assemblée arrêta qu'elle ne te recevrait point dans son sein, que tu n'ais préalablement prouvé que tu étais auteur du projet qu'on te contestait. L'as tu prouvé ? non.

EXTRAIT des registres des délibérations de la société Républicaine des Arts etc. Séance du 3 brumaire an 2 de la République.

PRÉSIDENCE DU CITOYEN BOIZOT.

Après la nomination des cinq commissaires chargés
de dresser la nouvelle liste à envoyer au comité de la
Convention nationale, on dit que Pierre Vignon ne
peut être inscrit sur cette liste, attendu que l'ouvrage
qu'il a exposé au sallon n'est point de lui, et qu'il est ré-
clamé par l'artiste qui en est auteur. On demande que
le nom de Pierre Vignon ne soit porté sur la liste qu'a-
près qu'il aura justifié qu'il est réellement auteur du projet qu'il a exposé ; cette proposition fondée sur la justice, est adoptée.

Signé à l'original GILBERT.

Sur ces entre-faites, le génie de Pierre Vignon
s'étant fait remarquer par de nouvelles intrigues,
une affaire d'une importance majeure lui fut encore
confiée ; c'étoit la maison de Toulouse à disposer
pour une administration. Il eut recours de nouveau à
l'artiste dont il est ici question ; il y eut entr'eux
un arrangement que je ne connaîs pas, mais dont
il est aisé de sentir que la lettre écrite au président
de l'assemblée fut une conséquence. On va voir par
l'extrait suivant, que le président reçut à la vérité
une lettre, mais on n'y verra pas, je crois, comme
le prétend Pierre Vignon, que je fus *honni*.

*EXTRAIT des registres des délibérations de la
société Républicaine des Arts etc. Séance du 19
brumaire an 2 de la République.*

PRESIDENCE DU CITOYEN BOIZOT.

Pierre Vignon adresse au président de l'assemblée une lettre du Citoyen C.... (4) par laquelle il déclare que le projet de restauration pour la salle de la Convention qu'a exposé au sallon Pierre Vignon est de ce dernier, et qu'il désavoue ce qui a pu avoir été dit à ce sujet.

On demande si cela peut prouver le talent de Pierre Vignon, et l'assemblée consultée, passe à l'ordre du jour sur cette lettre.

Signé, à l'original GILBERT.

Je vais terminer en démontrant à mes Concitoyens *que la société Républicaine des Arts composée d'artistes faits pour honorer ce beau nom et qui n'ont en vue que le bien public, le progrès des Arts, et la justice légitime due à ceux qui les professent, n'a pas démenti le but de son institution et qu'elle t'a rendu cette justice que tu réclames.*

---

(4) J'évite soigneusement de nommer cet artiste, parceque j'estime ses talens et sa personne, et que j'excuse en lui une faiblesse qu'on ne peut attribuer qu'au vice de notre ancien gouvernement; car, si au lieu d'accueillir l'intrigue et repousser le mérite, on avait au contraire accueilli le mérite et repoussé l'intrigue, cela ne serait point ainsi.

EXTRAIT du procès-verbal de la société *Républicaine des Arts*; séance du 18 pluviôse l'an 3me. (5)

Un secrétaire donne lecture d'un imprimé adressé à la société, par Pierre Vignon *architecte*. L'auteur lui dénonce le rapport qu'elle vient de faire imprimer : il prétend que ce n'est qu'un pamphlet que Bienaimé, rédacteur , fait circuler à l'insçu de la société.

Cet écrit de Vignon éprouve l'improbation de l'assemblée ; au milieu des réclamations qu'il excite , un membre propose de le brûler , un autre s'y oppose , et fait observer que par égard pour la liberté de la presse , et par respect pour elle même , la société doit rester calme en maintenant les principes énoncés dans son rapport, qu'évitant soigneusement de s'attaquer aux individus , elle n'a fait que s'acquitter du devoir qu'elle s'est imposé, en dénonçant au comité d'instruction publique, les désordres occasionnés par l'intrigue et la dilapidation. Qu'en conséquence la société ne doit pas ré-

---

(5) Voyez le supplément du journal de Paris , du 29 pluviôse dernier. Il n'est pas inutile de citer un passage d'une lettre qui précède l'extrait du procès-verbal inséré dans ce journal.

Il est essentiel d'observer , dit l'auteur de la lettre , qu'il y a deux Vignon , le bon et le mauvais : le premier, nommé Barthelemy Vignon est un véritable artiste , homme instruit et modeste. L'autre , le mauvais Vignon, est celui dont il s'agit ici.

pondre à l'écrit de Pierre Vignon, mais passer sur cet objet à l'ordre du jour. Cette proposition est arrêté à l'unanimité.

La société arrête en outre, que pour donner une marque authentique de sa considération aux citoyens Bienaimé et Allais, attaqués par l'auteur du dit imprimé ; il leur sera expédié copie de cet article du procès-verbal, et qu'aussi copie du dit article sera envoyé au comité d'instruction publique de la Convention nationale.

Signé ; à l'original, TARDIEU et GARNIER.

Je crois, Pierre Vignon, que cela est positif et clair, et que, pour le bien comprendre, tu n'auras pas besoin de ce dont tu passes rarement, c'est-à dire du secours des lumières d'autrui.

Il me reste encore à t'assurer que je ne veux plus désormais encourir la plaisante indignation dont tu n'as pas été le maître, et qu'ainsi, tu pourras à l'avenir écrire ce que bon te semblera, mentir largement et avec cette impudence qui t'est particulière, je ne te répondrai que par le rire et le silence du dédain.

Je n'ai plus rien à dire, si non que la société a rempli son devoir et qu'elle est disposée à le remplir toujours avec courage, en dépit des clameurs de l'ignorance et de l'intrigue.

Quant à toi, le sort en paraît jetté, tu ne sembles né que pour le mépris; eh bien! remplis tes heureux destins, jouis en.

BIENAIMÉ, Architecte.

A MES CONCITOYENS,

Le but du rapport de la société des Arts dont je fus le rédacteur, est de demander à la Convention nationale que désormais les travaux publics ne soient confiés qu'aux artistes qui se seraient distingués dans les concours, et qui, par cette raison, auraient été désignés par le jury des Arts comme ayant droit à la confiance des législateurs. Je vous le demande, est-ce ainsi que se comporteraient des intrigans? La société Républicaine des Arts s'est imposé une tâche qui honore son civisme; mais malgré ses soins, sa surveillance et son activité, elle ne saurait faire autant de bien à la chose publique, que ceux qui ressemblent à Pierre Vignon lui font de mal.

BIENAIMÉ, Architecte.

De l'Imprimerie de FRANKLIN, rue du Sentier no. 30.